POEMAS
de Amor y
DESAMOR

POEMAS

de Amor y

DESAMOR

Poems in English and Spanish

SOAD GRAYEB

Número de Control de la Biblioteca del Congreso de EE. UU.:   2012902115
ISBN: Tapa Dura   978-1-4633-2040-9
                  Tapa Blanda   978-1-4633-2042-3
                  Libro Electrónico   978-1-4633-2041-6

Este libro fue impreso en los Estados Unidos de América.

Para pedidos de copias adicionales de este libro, por favor contacte con:
Palibrio
1663 Liberty Drive
Suite 200
Bloomington, IN 47403
Llamadas desde los EE.UU. 877.407.5847
Llamadas internacionales +1.812.671.9757
Fax: +1.812.355.1576
ventas@palibrio.com
343327

ÍNDICE

DEDICATORIA

Quiero comenzar dedicando este libro a Dios, ya que siempre ha estado en mi vida, a mi lado, nunca me ha dejado sola, siempre me ha guiado.

A mis padres, Martha Arcelia y Manuel Grayeb, que ya están juntos con mi hermana Saida, y que Dios los tenga a su lado, a los cuales extraño tanto.

A mis hermanos y hermanas, Benjamín, Manuel, Juan Carlos, Chela, y Lupe, que no hay unión más grande entre hermanos que la nuestra.

A todos mis sobrinos y sobrinas, que saben que los adoro.

A todas las personas que me han amado, y a las que no, también, porque gracias a todas ellas han nacido estos poemas.

A Gabriela, la mujer con la que hubiera querido pasar el resto de mis días a su lado.

Pero sobre todo a mi hija Soad, porque ella ha sido el pilar, el motor, la luz en la obscuridad, la guía de mis pasos, la voz en el silencio, mi lucha diaria cuando estuve vencida, los motivos para poder siempre seguir adelante. A ella, que es toda mi vida, GRACIAS.

Un agradecimiento especial para Lourdes Ibarra, Daisy Villafan y Connie Guzmán, por su ayuda con la traducción de mis poemas.

Infinitas gracias a Passion Art Photography, Vincent y Denise Paletta, por su tiempo y amistad, por el estudio de mis fotos.

PRÓLOGO

Soad. ¡Qué nombre poco común! Soad Grayeb. ¡Qué nombre tan singular! Soad, sin embargo, sostiene una relación con el amor, que más que singular, es plural. Ella es amiga del amor, y luego aliada del desamor. Vive intensamente gracias al amor, y después, igual de intensa es su agonía a causa del mismo. Soad llega a ser la novia del amor y luego se convierte en una persona lejana al amor y ajena a sus dulzuras.

Así mismo en sus poemas, Soad nos entrega lienzos que pintan al amor multicromo, o laguidecientes cuadros en blanco y negro. Tal y como el amor suele ser, Soad nos lleva a su obra de fuego volcánico de espera inquieta de un amor por venir que ya se anuncia en el aire; al silencio aburrido de quien ya olvido. Del golpe sorpresivo de aquella persona que súbitamente se ve asaltado por el sentimiento; a la impotente angustia de alguien que quiere arrancarse lo que ha vivido sin conseguir olvidar.

Esta poetisa no va a sacrificar sus creaciones bajo el yugo de reglas, métricas y rimas. ¡No! Va a dejar que sus versos vuelen libres para dar vida a "niño desconocido" y a "amor en español". Este último es mi favorito, y lo será de muchos lectores actuales y futuros.

¡Qué honor tan grande e inmerecido para mí el poder presentarles la obra de Soad Grayeb!

Ramiro de la Garma

TO MY DAUGHTER

This silent anguish that embodies my being,
that only I who had you in my body
knows how to quiet, that shouts
in silence so as to not be scared again.

This silent anguish that knows
that this mother's love has been
her re-encounter with the peace
and love that had been denied her.

This quiet anguish that kills me
in silence, that attempts not to
think of you every second so as to not
die of sadness at waking.

This quiet anguish whose only
need is to see your eyes again
sweet and kind, your innocent child's tenderness
and your hands of tender impatience.

This quiet anguish I feel
that rips me apart inside
over and over, for not having you,
for not seeing you, for not hugging you.

2002

A MI HIJA

Esta angustia callada que lleva mi ser,
que solo yo que te tuve en mi ser
sabe como acallarla, que grita
en silencio para no asustarse de nuevo.

Esta angustia callada que sabe
que este amor de madre ha sido
su re-encuentro con la paz
y el amor que le había sido negado.

Esta angustia callada que me mata
en silencio, que se esfuerza por no
pensarte en cada segundo para no
morir de tristeza al amanecer.

Esta angustia callada que lo único
que necesita es volver a mirar tus ojitos
buenos y dulces, tu ternura de niña inocente
y tus manos de tierna impaciente.

Esta angustia callada que siento
que me desgarra por dentro
una y otra vez, por no tenerte,
por no mirarte, por no abrazarte.

2002

DARKNESS

Today I so wanted to hold you in the darkness,
not in the darkness of the night,
not in the darkness of the silence,
but in the darkness of my mind.

But I could not find you,
like if you would have left me aside,
like if from out of nowhere you came to me,
and from nowhere you left.

Today I wanted to find you in my memory,
in the pores of my skin,
in the pain I felt when I lost you,
in the happiness you left when I recall you.

Today I wanted to peel my skin off,
and find you in the crowd of people,
within the pain of not having you
and the happiness of finding you.

Like the one that finds something unknown,
like the one who knows they have lost something,
and they don't know where they left it,
that's how I search for you.

Why does my mind wander back to you every moment,
why can't I stop thinking of you,
why can't my feelings stop
so that I can be another's.

Could it be because I haven't got use
to being without you?

2002

OBSCURIDAD

Hoy quise abrazarte en la obscuridad,
no en la obscuridad de la noche,
no en la obscuridad de el silencio,
sino en la obscuridad de mi mente.

Pero no pude encontrarte,
como si nada hubieras dejado a tu paso,
como si de la nada hubieras llegado,
y a la nada te hubieses ido.

Hoy quise buscarte en mi memoria,
en los poros de mi piel,
en el dolor que una vez me diste al perderte,
en la alegría que dejas al recordarte.

Hoy quise arrancarme la piel a jirones,
y buscarte de nuevo entre la gente,
entre el dolor de no tenerte
y la alegría de buscarte.

Como el que busca algo sin saber que es,
como quien sabe que ha perdido algo,
y no sabe donde lo dejó,
así te busco yo.

Porque mi mente vuela a ti en cada momento,
porque no he podido dejar de pensarte,
porque mis sentidos dejan de ser
mis sentidos para ser de otra.

¿Será porque no me he acostumbrado
a estar sin tenerte?

2002

NOW I KNOW

Now I know the taste of your lips.
Now I know the warmth of your hands.
Now I know the sound of your heart.
Now I know the sweetness of your mouth.
Now I know that I like being in your arms
day and night.
Now I know that I love when you wake me
with kisses, making love to me.
Now I know I can rest in your arms
and feel safe.
Now I know that I love spending time by your side.
Now I know my senses and my love were
asleep, waiting to be awakened by you.
Now I know your kisses and your caresses are mine alone.
Now I know your tenderness inspires my heart and soul.
Now I know I want to call you and say good morning,
secretly saying, I'm here for you.
Now I know I don't want to look further,
because you fill my life and soul.
Now I know you always make it so
you always make me smile,
and warm my insides.
Now I know you're not simply in my dreams,
but also in my reality.
Now I know it, and I don't want to let you go.

November, 2004

AHORA SÉ

Ahora sé el sabor de tus labios.
Ahora sé el calor de tus manos.
Ahora sé el sonido de tu corazón.
Ahora sé lo dulce de tu boca.
Ahora sé que me gusta estar en tus brazos
día y noche.
Ahora sé que me encanta cuando me despiertas
a besos y haciéndome el amor.
Ahora sé que puedo descansar en tus brazos
y sentirme segura.
Ahora sé que me encanta pasar tiempo a tu lado.
Ahora sé que mis sentidos y mi amor estaban
dormidos, esperando ser despertados por ti.
Ahora sé que tus besos y tus caricias son solo mías.
Ahora sé que tu ternura inspira mi alma y mi corazón.
Ahora sé que quiero llamarte y decirte buenos días,
diciéndote en secreto, que aquí estoy para ti.
Ahora sé que no quiero buscar más adelante,
porque tu llenas mi vida y mi alma.
Ahora sé que siempre haces
que tenga una sonrisa en mis labios,
y calientas mi interior.
Ahora sé que ya no estás simplemente en mis sueños,
sino también en mi realidad.
Ahora lo sé, y no quiero dejarte ir.

Noviembre de 2004

BIRTHDAY

Mother, today is your birthday.
That how old are you?
I really don't remember,
I just remember that many of those years
were consecrated to my life.
That you were at my side
when I was ill,
that you rocked my crib
when I was a child,
that you dried my tears,
when I cried.
Today I am grown and I have learned much from you,
which I gave no importance to when I was small,
but I have realized your heavy labor,
that days and nights you stayed awake at my side.
I await with confidence to have you at my life for many more years,
so that I may return all the love you have given me.
I don't want it to become to late to express my love,
to show you mother all the love my heart has saved for you.

CUMPLEAÑOS

Madre, hoy es tu cumpleaños.
¿Qué cuántos cumples?
No lo sé, no lo recuerdo, solo recuerdo
que muchos de esos años
los consagraste a mi vida.
que estuviste a mi lado
cuando yo estuve enferma,
que meciste mi cuna
cuando yo era pequeña,
que enjugaste mis lágrimas,
cuando lloré alguna vez.
Hoy he crecido y aprendido muchas cosas de ti,
que cuando pequeña quizás no importaban mucho para mí,
pero me he dado cuenta de tu labor tan pesada,
que días y noches te desvelaste por mí.
Espero madre y confió en que muchos años más tendré,
para devolverte madre todo, todo el amor que has sabido darme y conserve.
No quiero que sea demasiado tarde para brindarte cariño,
para demostrarte madre tanto amor que guarda mi corazón.

YOUR DEPARTURE

Why are you departing and leaving
without even telling me,
what you no longer feel,
and once claimed you felt?

There is pain in my soul,
blood in my heart,
silence in my life,
but peace in my existence.

There is no longer sadness,
all the pain is now gone,
I can lift up my face and feel
the morning's dew in my face.

I don't want to keep missing
those things we shared,
since that which you lacked,
another love will give better.

1986

TU PARTIDA

¿Por qué te vas y me dejas
sin ni siquiera decirme,
lo que ahora ya no sientes,
y antes decías sentir?

En mi alma hay dolor,
en mi corazón sangrar,
en mi vida hay silencio,
mas en mi existir hay paz.

Ya no queda más tristeza,
ya todo el dolor se ha ido,
puedo levantar mi cara y sentir
en ella el rocío de la mañana.

No quiero seguir añorando
las cosas que compartimos,
pues lo que en ti faltó,
otro amor lo dará mejor.

1986

UNKNOWN CHILD

I see you pass through the streets,
I look at you and I don't know you,
our eyes meet,
but I don't say I adore you.

I have seen you on two occasions,
and I feel that I care for you,
I look for you and don't find you,
and a feeling of despair overwhelms me.

I feel your gaze upon me,
I feel your transfixed stare,
that wanted to go right through me,
that touches my sentiments.

Your green emerald eyes
cause me to lose my senses,
though I do not know your name,
unknown child of mine.

1986

NIÑO DESCONOCIDO

Te veo pasar por la calle,
te miro y no te conozco,
nuestras miradas se cruzan,
pero no te digo te adoro.

En dos ocasiones te he visto,
y siento que ya te quiero,
al buscarte y no encontrarte,
siento que ya me muero.

Siento tu mirada en la mía,
siento tus ojos de fuego,
que quisieran traspasarme,
y desnudar mis sentimientos.

Tus ojos verde esmeralda,
hacen que pierda el sentido,
mas ni siquiera sé tu nombre,
niño desconocido.

1986

SCHEME

Why did you rupture my scheme?
Why can't you love me?
Am I not who you look for?
Can you not believe it to be true?

I had so many illusions,
that you rose up to the clouds,
I imagined that your kisses,
would only be mine.

Dreams that were false,
broken hopes,
to see the sunset,
without you, drop by drop.

And to have awoken from this dream,
and see my reality,
to find myself again waiting for your presence,
I begin to weep.

To recall your essence
in the places we were together,
and to see you in everyone,
in every face, in every place.

I can't forget you yet,
the pain this causes,
to know you will be another's,
and that you will soon forget my kisses.

1987

ESQUEMA

¿Por qué me rompiste mi esquema?
¿Por qué no me puedes amar?
¿Acaso no soy quien tú buscas?
¿Acaso no crees que es verdad?

Me ilusioné yo tanto,
que entre nubes te subí,
que imaginé que tus besos,
serían tan solo para mí.

Fueron sueños solo falsos,
fueron esperanzas rotas,
fue tan solo ver el ocaso,
sin tu vida, gota a gota.

Y al despertar de este sueño,
y mirar mi realidad, ver que sola otra
vez me encuentro, esperando tu presencia,
solo me pongo a llorar.

Recordar tu esencia
en los lugares que fuimos,
y mirarte en cada gente,
en cada rostro, en cada sitio.

No puedo olvidarte ya,
el daño que me hace esto,
saber que serás de otra,
y que olvidarás mis besos.

1987

YOU WERE THERE

You were there,
I felt your breath on my face,
your hands touching my hair, my eyes,
my nose, my mouth.
And lightly wandering to my shoulders,
arms and hands.

You were there, I felt your body
next to mine, shivering with passion
or fear. Your lips kissed
my hair, my face, my ear.

You were there, and I was drunken with passion,
with my eyes closed, sensing your smell,
I was afraid that it was only a dream,
and to open my eyes would awaken me of that dream.

You were there, I remained in silence,
feeling your body, your hands,
your lips, sensing your shell
and drunken by passion.

Recalling today
that you were there.

1989

ESTABAS AHÍ

Estabas ahí,
sentía tu aliento en mi rostro,
tus manos tocaban mi pelo, mis ojos,
mi nariz, mi boca.
Bajaban por mi cuello hacia los hombros,
brazos y manos.

Estabas ahí, sentía tu cuerpo
ceñido al mío, temblando de pasión
o de miedo. Tus labios besaban
mi pelo, mi rostro, mi oído.

Estabas ahí, y yo embriagada de pasión,
con los ojos cerrados, percibiendo tu olor,
tenía miedo de que fuera un sueño,
y al abrirlos, despertara de él.

Estabas ahí, permanecí callada,
sintiendo tu cuerpo, tus manos,
tus labios, percibiendo tu olor
embriagada de pasión.

Recordando hasta ahora
que estabas ahí.

1989

I AM HERE

I am here, waiting to be discovered,
so that you can discover my interior
while undressing my feelings
in front of you.

Open my core, my heart,
my soul, open them so
that you may see me
and discover what lies in me.

So that you may see
that I am not only made of flesh and bones,
so you may discover that
I am also made from love.

That my tireless battle is not in vain,
that everything is even,
although it has not been easy,
though we have to search.

Keep looking to discovery
that in my interior lies
a streak of tireless love.

It is not difficult to find
with just a smile,
a tender touch or a kiss,
it will appear in front of you.

Don't lose it from your sight,
because if you do it will become difficult
to find and possibly
without sentiments it will no longer be able to fight.

1990

ESTOY AQUÍ

Estoy aquí, esperando ser descubierta,
para que descubras mi interior
y desnudar mis sentimientos
ante ti.

Abre mis entrañas, mi corazón,
mi alma, ábrelos bien para que
puedas mirar adentro, para
que descubras lo que llevo dentro.

Para que veas
que no solo carne y huesos soy,
para que veas que
de sentimientos y amor también formada estoy.

Que mi lucha incansable no es inalcanzable,
que todo está a mano,
aunque no con facilidad,
pues tenemos que buscar.

Sigue buscando pues descubrirás
que en mi interior existe
una veta inagotable de amor.

Aunque no es difícil encontrarla
pues con una sonrisa,
una caricia o un beso,
ella se descubre ante ti.

No la pierdas de vista,
porque si la pierdes será muy difícil
volverla a reencontrar, y posiblemente
sin sentimientos ya no podrá salir a luchar.

1990

THE WAIT

Soon, soon it will arrive.
What will arrive?
The truth is I don't know,
but still I await.

On occasions
I wait patiently,
at other times with anxiety,
but I await it is my turn.

And it will arrive, I know it will arrive,
the day will be
that all that lies in me
will one day appear.

All this love
that I have inside of me
can be offered to someone,
I need to be loved and be loved.

Scream with all my strength I love you,
to feel again hope,
happiness, optimism, tenderness and love.

Draw out my anticipations,
that my wait not be in vain,
that I may know from the beginning
that it is love.

That it emanates love throughout the world,
that it is know that I am happy,
that I may smile without pretending.

Smiling at the world
whether it be with sunny or cloudy,
just enjoying the day.

But always with anticipation
of that lies within me
with an illusion larger than the world.

All that will come,
I know it will come,
although, I know
I have to wait.

Waiting for my turn,
patiently at times
and desperately at others, yelling to the world
I need you now.

But I have to wait for now,
to can say later
to appreciate all the effort,
to say it was worth the wait.

And yell with strength,
I love you, I cannot keep quiet now.

1985

LA ESPERA

Pronto, pronto llegará.
¿Qué va a llegar?
En realidad no lo sé,
mas sin embargo espero.

Espero en ocasiones
pacientemente,
otras con muchas ansias,
pero esperar es mi turno.

Y llegará, yo sé que llegará,
ya me tocará el día
que todo lo que tengo
dentro de mi salga.

Todo este amor
que tengo dentro de mí
se lo pueda ofrecer a alguien,
necesito amar y ser amada.

Gritar con fuerza, te amo,
sentir de nuevo ilusión,
alegría optimismo, cariño y amor.

Sacar a flote mis esperanzas,
que no sea en vano mi espera,
que me de cuenta desde un principio
que esto es amar.

Que emane alegría a todo el mundo,
que se den cuenta de que estoy feliz,
que pueda sonreír sin tener que fingir.

Sonreírle a la vida
al día con sol, al día nublado,
al día sencillamente.

Pero siempre con una esperanza
con todo lo que hay dentro de mí
con una ilusión más grande del mundo.

Todo eso llegará,
yo sé que llegará,
mas sin embargo,
tengo que esperar.

Esperar a que me toque mi turno,
y esperaré pacientemente en ocasiones
y otras desesperadamente, gritando al mundo
algunas veces, te necesito ya.

Pero tengo que esperar por ahora,
para poder decir después
valió la pena tanto esfuerzo,
valió la pena tanta espera,

Y poder gritar con fuerza,
te amo, no callo ahora.

1985

MY STRUGGLE

This intense feeling to love, to fly, to float,
these feelings that I hide
this traveling spirit of mine that burns inside me,
longing to live to fight.

This tireless fight within me
reflects the details,
never losing hope
though not knowing what desires to realize.

This knowledge that consumes my bones,
erodes my flesh,
boils my blood,
and ends in tears.

It's like a pianist in front of a keyboard
creating music with his fingers,
feeling that each note
floats from his inner being.

The prisoner in me
peaks out every so often to remind me
to not forget, that all of us
are traveling spirits.

I love what I have and I try
to maintain it in my hands,
although all that one realizes
escapes just as time does.

1990

MI LUCHA

Estas ganas de amar, de volar, de flotar.
estos sentimientos que aprisiono
este espíritu viajero que arde en mí,
estas ansias de vivir por luchar.

Esta lucha incansable en mi interior
refleja los detalles,
la esperanza jamás perdida
en aras de no sé que deseos sin realizar.

Este saber que me consume los huesos,
y me carcome la carne,
que me arde en la sangre,
y me cuesta unas lágrimas.

Es como un pianista ante un teclado
que aflora la música que trajera en sus dedos,
que siente cada nota
hasta lo más profundo de su ser.

Este prisionero que llevo en mí
se asoma de vez en cuando y me dice
que no lo olvide, pues viajeros
de espíritu todos somos.

Amo cuanto tengo y lo trato
de mantener en mis manos,
aunque a veces todo cuanto se ha hecho
se te escapa como el tiempo.

1990

IGNORE ME AND LOOK FOR ME

And when the absence,
when the silence burns our insides,
when there is nothing left to want to
scream my name. Ignore me.

When you feel that the memories
eat you up, drill your through your mind
and the thoughts don't let you
sleep nor dream. Ignore me.

When you want to find
a caress in nothing, a smile
in the wind, a word
in the silence. Look for me.

Look for me in the smile
of a child, in the verse of a poem,
in a word made a song,
there you will always find me.

1993

IGNÓRAME Y BÚSCAME

Y cuando la ausencia,
cuando el silencio nos queme en las entrañas,
cuando no exista otra cosa que querer
gritar mi nombre. Ignórame.

Cuando sientas que los recuerdos
te carcomen, te taladran la mente
y los pensamientos no te dejan
dormir ni soñar. Ignórame.

Cuando quieras encontrar
una caricia en la nada, una sonrisa
en el viento, una palabra
en el silencio. Búscame.

Búscame en la sonrisa
de un niño, en la estrofa de un verso,
en la palabra hecha canto,
ahí me encontrarás siempre.

1993

I MISS YOU

I miss those nights
when you use to come home
like if you were a thief
stealing my heart.

To rob me of my calm,
and awaken hidden passions.

To dream in your arms
the sweetness of the nights
with overflowing love,
the tenderness lived in affectionate dreams.

To discover your skin,
your scent, your pleasure
with intense love.

Little by little taking me
to a journey of tenderness
with the beat of your music
to the sublimely.

In the end falling to a deep sleep,
while your arm hugs my waist,
with calm and tenderness.

August, 1995

TE EXTRAÑO

Te extraño por las noches
cuando entrabas a mi casa
cual si fueras un ladrón
a robarme el corazón.

A robarme la calma de señora tranquila,
y despertar en mí pasiones dormidas.

A soñar entre tus brazos
las mieles de las noches
del amor desbordado,
la ternura vivida, el cariño soñado.

Y descubrir entre tu piel,
tu olor y tu placer
el amor más intenso.

Y poco a poco dejarme llevar
en un vaivén de caricias
en el compás de tu música
a lo subliminal.

Y quedarme dormida,
sintiendo tu abrazo en mi cintura,
con tranquilidad y ternura.

Agosto de 1995

I WANT YOU TO LOVE ME

I want you to love me,
I want you to love who I am,
what I have, what I love,
I want you to love what I love,
what I like,
what I find passion in.

I want you to love every breath
of my soul for you,
I want you to love every thought of mine,
my craziness, my details.

I want you to love me my love,
little by little, step by step
all the details I want for you,
to love with insanity,
to desire you day in and day out,
to walk at your side,
to awaken in your arms.

I want you to love me my love,
what I touch and what I leave,
what I look at and what I dream,
the sorrows and the joys,
but I want you to love me my love
with insanity, my tenderness.

QUIERO QUE ME AMES

Quiero que me ames,
quiero que ames lo que soy,
lo que tengo, lo que quiero,
quiero que ames lo que amo,
lo que me gusta,
lo que me apasiona.

Quiero que ames cada suspiro
de mi alma que son para ti,
quiero que ames mi pensamiento,
mis locuras, mis detalles.

Quiero que ames vida mía,
poco a poco, paso a paso
todos los detalles que quiero para ti,
el querer amarte con locura,
el querer desearte día a día,
el querer caminar a tu lado,
el querer despertar en tus brazos.

Quiero que ames vida mía,
lo que toco y lo que dejo,
lo que miro y lo que sueño,
los sinsabores y las alegrías,
pero más quiero que ames vida mía
con locura, mi ternura.

YOU HAVE LEFT MY LIFE

You have left my life
just as you came to it,
short-lived.

Sometimes subtle,
sometimes painful,
with my thoughts in blank
and in everything.

Trying to erase
the void of my soul,
of my voice, of my existence,
of my heart.

Trying to make the heavy memories
light upon my back,
trying to stop the warmth
from entering my core.

Trying simply to be a women.
My voice missing calling you,
my mind misses thinking of you,
my hands miss caressing you.

My bed misses you
in night and day.

Sometimes when I am alone,
with my thoughts and memories,
when the nights are difficult,
and my body which misses yours with uneasiness wonders.

Was it all a dream or was it real?
What is the truth?
What is this?

Up to what point where you really mine, and I yours?
Up to what point does life stop turning?
Up to what point do our bodies subside?

When I recall you the thirst for you surprise me,
in your provocative image, in the passing of time,
to think all is yesteryear, and to pretend does not exist,
or indifference when you did not leave.

When time, days, weeks pass and all dissipates,
but one morning without thinking, without planning,
your image surprises me in a smile or in a word,
with a thought that fluoresces from my core.

And you become light when all was darkness,
and you become flesh when all was soul,
and you become my life and my thoughts,
when all has finished.

I prohibit my flesh to feel you,
my mind to think of you,
my core to miss you,
and I take you out from the hollow place
of my soul, of my life, and of my sound.

TE HAS IDO DE MI VIDA

Te has ido de mi vida
así como llegaste,
efímero.

A veces sutil,
doloroso a veces,
con el pensamiento en la nada
y en un todo.

Tratando de sacarte
de los huecos de mi alma,
de mi voz, de mi existir,
de mi corazón.

Tratando de que los recuerdos
no pesen como baldosas sobre mis espaldas,
tratando de que tu calidez
no llegue a mis entrañas.

Tratando simplemente de ser mujer.
Te extraña mi voz al ya no pronunciarte,
mi mente al ya no pensarte,
mis manos al no acariciarte.

Te extraña mi cama
por las noches y por las mañanas.

A veces que estoy sola,
sola en mí y en mis recuerdos,
cuando son difíciles las noches,
y mi cuerpo acostumbrado al tuyo se inquieta y pienso.

¿Fue un sueño o fue realidad?
¿Qué es verdad?
¿Qué no lo es?

¿Hasta qué punto fuiste mía, y yo fui tuya?
¿Hasta qué punto la vida deja de dar vueltas?
¿Hasta qué punto nuestros cuerpos se calman?

Esta sed de ti cuando me sorprende el recuerdo,
en la provocación de tu imagen, en el trascurso del tiempo,
al pensar que todo es obra del pasado, y fingir entereza cuando no existe,
o indiferencia cuando no te fuiste.

Cuando pasan la horas, los días o semanas y todo se esfuma,
pero una mañana, sin pensar, ni planearlo,
tu imagen me sorprende en una sonrisa o con una palabra,
con un pensamiento que aflora desde mis entrañas.

Y te vuelves luz cuando todo era obscuridad,
y te vuelves piel cuando todo era alma,
y te vuelves tú de nuevo en mi vida y mis pensamientos,
cuando ya todo se da por terminado.

Y le prohíbo a mi piel que te sienta,
a mi mente que te piense,
a mis entrañas que te extrañen,
y vuelvo a sacarte de los huecos
de mi alma, de mi vida, y de mi voz.

WHAT UNITES ME TO YOU

Fragility and entirety.
Clumsiness and dexterity.
It's you and I.
Darkness and light.
Its passion and pain.
It's a shock to the core.
It's happiness and sadness.
It's difficult and at the same time noble.
It's the drop that drills the stone.
It's the sublime and the profound.
It's to die in a second.
It's greatness and nobility.
It's the light and the hope.
It's the irrationality of the desperate.
The pain that you provoke.
The jealousy that you unbind.
The insomniac nights.
Entirety and frailty.
It's looking into the desert.
It's your voice in my silence.
It's the roses within the thorns.

1995

LO QUE A TI ME UNE

Fragilidad y entereza.
Torpeza y destreza.
Eres tú y soy yo.
Obscuridad y claridad.
Es pasión y es dolor.
Es un golpe en las entrañas.
Es alegría y es tristeza.
Es duro y a la vez noble.
Es gota que taladra la piedra.
Es lo sublime y lo profundo
Es morir en un segundo.
Es grandeza y es nobleza.
Es la luz y la esperanza.
Es la ira de la desesperanza.
El dolor que provocas.
Los celos que desatas.
Las noches de insomnio.
Entereza y flaqueza.
Es mirar en el desierto.
Es tu voz en mi silencio.
Son las rosas entre las espinas.

1995

TIME AND SPACE

Your time in my time,
your space in my space,
your hand in my hand,
your stare in mine.

Your time in my time,
your hand in my hand,
feeling the same,
burning sensation inside.

Your space in my space,
your stare in mine,
defying the universe,
fulfilling ourselves with happiness.

Your time in my time,
guessing the moment,
to be with you,
to say I love you.

1999

TIEMPO Y ESPACIO

Tu tiempo en mi tiempo,
tu espacio en mi espacio,
tu mano en mi mano,
tu mirada en mi mirada.

Tu tiempo en mi tiempo,
tu mano en mi mano,
sintiendo lo mismo,
quemándonos por dentro.

Tu espacio en mi espacio,
tu mirada en la mía,
desafiando al universo,
para sacar la alegría.

Tu tiempo en mi tiempo,
adivinando el momento,
de poder estar contigo,
para poder decir te quiero.

1999

CONTRADICTIONS

I'm trying not to think of your words,
because they erode my core.

I'm trying not to think of your kisses,
because they burn my soul.

I'm trying not to remember your voice,
nor your caressing hands on my body,
nor your scent nor taste
because my soul hurts.

I'm trying that my feelings,
my mind, my soul and my senses do not miss you.

I'm trying to leave your life,
I'm trying to move from your space,
I'm trying to not hurt with your presence,
nor miss your absence.

But I am also trying to remember
your words, your kisses, your gaze.
Because that makes me feel alive,
because I feel fulfilled,
because I feel loved.

Though it may only be a dream,
though it may only be an illusion,
though it may only be a scheme,
though it may only be passion.

What contradictions,
I'm asking not to love you, but I love you,
I'm asking not to miss you, but I miss you,
I'm asking not to desire you, but I desire you.

What contradictions,
you said it wasn't a game,
you said you would not let me go,
you said you would take care of me.

What contradictions,
it wasn't even a game,
and you let me go without any feelings,
and you hurt me without worrying about me.

1999

CONTRADICCIONES

Estoy tratando de no pensar en tus palabras,
porque me carcome en las entrañas.

Estoy tratando de no pensar en tus besos,
porque me quema el alma.

Estoy tratando de no recordar tu voz,
ni tus manos cálidas en mi cuerpo,
ni tu olor ni tu sabor
porque me duele el alma.

Estoy tratando de que mis sentimientos
de que mi mente, de que mi alma y mis sentidos no te extrañen.

Estoy tratando de salir de tu vida,
estoy tratando de salir de tu espacio,
estoy tratando de que tu presencia no me haga daño,
ni me pese en la ausencia.

Pero también estoy tratando de recordar
tus palabras, tus besos, y tu mirada.
Porque me hace sentir viva,
porque me hace sentir llena,
porque me hace sentir amada.

Aunque solo sea un sueño,
aunque solo sea una ilusión,
aunque solo sea un esquema,
aunque solo sea una pasión.

Que contradicciones,
estoy pidiendo no amarte, y te amo,
estoy pidiendo no extrañarte, y te extraño,
estoy pidiendo no desearte, y te deseo.

Que contradicciones,
dijiste que no era un juego,
dijiste que no me dejarías ir,
dijiste que cuidarías de mí.

Que contradicciones,
ni siquiera fue un juego,
y me dejaste ir sin ni siquiera sentir,
y me lastimaste sin ni siquiera cuidar de mí.

1999

THE LUGGAGE

I am again packing my dreams and illusions,
again they go in to the luggage,
my hardships and my happiness,
my loving and unloving moments.

I will travel to a new place, to a new world,
taking my tenderness,
searching who would like to share their life ambivalences,
my madness and truths.

To find new faces,
to carry more cups of crystal in my luggage
that will represent illusions, to take care of,
not letting them shatter, give the best of me.

Searching for peace,
in love and security,
in another's lips, in another's arms,
in another's caresses, to not feel anguish, nor happiness,
only peace.

1998

LA MALETA

Estoy empacando de nuevo mis sueños y mis ilusiones,
van de nuevo a la maleta,
mis penas y mis alegrías,
mis amores y desamores.

Iré a otra parte, a otro mundo nuevo,
llevando caricias,
buscando quien quiera compartir conmigo mis ambivalencias,
mis locuras y mis verdades.

Conocer nuevos rostros,
traer en mi maleta más copas de cristal
que representen ilusiones, cuidarlas,
no dejar que se hagan añicos, dar lo mejor de mí a quien quiera recibirlo.

Buscar mi remanso de paz,
de amor y de seguridad,
en otros labios, en otros brazos,
en otra ternura, no sentir angustia, ni infelicidad,
solo paz.

1998

I CAN WAIT

I can wait with my eyes closed
your arrival, to tell me that
we will never separate,
that all is ready and we will live in absoluteness.

I can wait for your dreams
to turn in to caresses, and kisses,
and that the anguish turn into hope,
and the patience turn into love.

I can wait to hold your hand as we walk
without a fixed course,
looking at the horizon,
speaking to each other in silence.

I can wait, and waiting
I can make your wait light,
without binding nor doubts,
without force nor jealousy, only love.

I can wait and while I wait
I only ask you,
Is your wait my awaiting?
Then you are my love.

1998

PUEDO ESPERAR

Puedo esperar con los ojos cerrados
tu llegada, a que me digas que
nunca más nos separaremos,
que todo está listo para vivir en plenitud a tu lado.

Puedo esperar que tus sueños
se tornen caricias, y besos,
que la angustia se torne espera,
y la paciencia se torne amor.

Puedo esperar a caminar tomada de tu mano
sin rumbo fijo,
mirando al horizonte,
hablando con nuestro silencio sin voz.

Puedo esperar, y esperando
puedo hacer tu espera más ligera,
sin ataduras ni dudas,
sin fuerzas ni celos, solo amor.

Puedo esperar y al esperar
tan solo te pregunto,
¿Si tu espera es mi espera?
Entonces tú eres mi amor.

1998

YOUR GAZE AND MINE

Your gaze in mine
at times subtle, at times painful,
with my thoughts in nothing
and all.

Trying to enter
in to the hollowness of my soul,
of my voice,
of my existence.

That your warmth
enter my core,
trying to be a woman,
your woman.

My mind,
my hands miss you,
I miss you day and night.

Though alone in my memories,
when nights are difficult
because my body anxiously remembers yours.

I think of your gaze,
and this thirst for you,
when your memory surprises me in the provocation,
I think of your soft, sublime gaze.

1998

TU MIRADA EN MI MIRADA

Tu mirada en mi mirada
a veces sutil, a veces dolorosa,
con el pensamiento en la nada
y en un todo.

Tratando de meterse
en los huecos de mi alma,
de mi voz,
de mi existir.

Tratando de que su calidez
llegue a mis entrañas,
tratando simplemente de ser mujer,
tu mujer.

Te extraña mi mente,
mis manos,
te extraño por las noches y por las mañanas.

Aunque a veces estoy sola en mis recuerdos,
cuando son difíciles las noches
y mi cuerpo acostumbrado al tuyo se inquieta.

Pienso tan solo en tu mirada,
y esta sed de ti,
cuando me sorprende el recuerdo en la provocación,
pienso en tu mirada tierna y sublime.

1998

IF YOU DIDN'T EXIST

If you didn't exist,
I would still be looking for you,
a hug, a caress,
a kiss, a smile.

If you didn't exist, my life would be empty,
I would look for every look in your eyes,
in each gesture lies your gesture,
in each smile your smile.

If you didn't exist, the emptiness that always
lived in me would continue,
which distresses, which burns, which hurts,
which makes you scream, which makes you cry.

I you didn't exist, I would try to discover you,
I would imagine you,
I would imagine your hands,
your tenderness, your sweetness.

But you exist, you are at my side,
living, dreaming, loving, and to imagine
how you would be would not be who you really are,
I would never come close to you, because you are real, and you are great.

1998

SI NO EXISTIERAS

Si no existieras,
estaría buscando por la vida todavía,
un abrazo, una caricia,
un beso, una sonrisa.

Si no existieras, mi vida vacía sería,
buscaría en cada mirada tu mirada,
en cada gesto tu gesto,
en cada sonrisa tu sonrisa.

Si no existieras, el vacío que siempre
había estado en mí perduraría,
el que acongoja, el que quema, el que duele,
el que te hace gritar, el que te hace llorar.

Si no existieras, intentaría describirte,
intentaría imaginarte,
imaginar tus manos,
tu ternura, tu dulzura.

Pero existes, estás conmigo a mi lado,
viviendo, soñando, amando, y el imaginar
como serías, nunca sería como tú realmente eres,
nunca me acercaría, porque eres real, y eres grande.

1998

TO MY FATHER

Father, I never stop
thinking about you,
wherever I go,
in every passing day.

I follow your advice,
your tenderness accompanies me,
your scoldings,
and your sweetness.

You have been an example for me
to follow, no matter when,
no matter where, I apply
the knowledge I have learned from you.

A caress well timed,
a scolding well timed,
advice well timed.

I learned from you the tenacity
to come out ahead in any life adventure,
to treat people with kindness and respect,
to earn through work bread for every day,
to plant seeds in order to harvest fruit.

You taught me to be patient,
to know that good things
never arrive late, that everything
has its due time and its undue time.

You taught me to be strong
and to learn from my failures,
to learn from my mistakes
to avoid them later.

You taught me to hug
and to say an I love you at the right time,
to give a wink and a smile to the one who gives you
a stab, and to forgive the offender.

You taught me not to offend
and to bite my tongue
to avoid saying that
I would later regret.

You taught me to work with diligence
and to distinguish the good from the bad.

Possibly I did not understand it before,
until I became a mother, like you did a father.

You taught me to smile at people,
to respect them, to be good, work hard and be honest,
to not give up no matter how tough the going gets,
to keep loving and to keep fighting.

That's why father, today on your anniversary
of death, and if I did not tell you in life,
thank you for the values you gave me.

I know you are proud of me
wherever you are,
and you can always be.

June 5, 2002

A MI PADRE

Padre, nunca dejo
de pensar en ti,
adonde quiera que voy,
en cada día que pasa.

Sigo tus consejos,
me acompaña tu ternura,
tus regaños,
y tu dulzura.

Has sido para mí un ejemplo
a seguir, no importa cuando,
no importa donde, aplico
mis conocimientos que aprendí de ti.

Una caricia a tiempo,
un regaño a tiempo,
un consejo a tiempo.

Aprendí de ti la tenacidad
para salir adelante en cualquier aventura de la vida,
a dar respeto y cariño a la gente,
a conseguir con trabajo el pan de cada día,
a sembrar semillas para cosechar frutos.

Me enseñaste a ser paciente,
a saber que las cosas buenas
nunca llegan tarde, que todo
tiene su tiempo y su destiempo.

Me enseñaste a ser fuerte
y a aprender de mis fracasos,
a aprender de mis errores
para evitarlos luego.

Me enseñaste a abrazar
y a decir un te quiero a tiempo,
a dar un guiño y una sonrisa a quien te da
una cuchillada, y a perdonar al ofensor.

Me enseñaste a no ofender
y a morderme la lengua
para evitar decir cosas de las cuales
después me arrepentiría.

Me enseñaste a trabajar con ahínco
y a reconocer lo bueno de lo malo.

Posiblemente no lo entendí antes,
hasta que fui madre, así como tú padre.

Me enseñaste a sonreírle a la gente,
a respetarles, a ser buena, trabajadora y honesta,
a no dejarme vencer por duros que sean los vientos,
a seguir amando y a seguir luchando.

Por eso padre, hoy que es tu aniversario
de muerte, y si no te lo dije en vida,
gracias por los valores que me diste.

Sé que estás orgulloso de mí
donde quiera que estés,
y puedes estarlo siempre.

5 de junio de 2002

I FORGOT

I forgot I promised
I would love you to our death.
I forgot I needed your presence.
I forgot that your absence
burns like a live fire.
I forgot the patience
I had while I waited for you.
I forgot that when together
we promised so many things.
I forgot how we weaved our dreams while in bed.
I forgot how we would entwine our hands.
I forgot when I use to caress your hair
and breath your scent.
I forgot to continue counting the stars
while I laid on your chest.
I forgot to admire the moon.
I forgot that in your hands lies our happiness.
I forgot that bit by bit
I have forgotten you.
I forgot the pain that
your absence had once caused.
I forgot that missing you was getting deeper
and farther away.
I forgot that to remember you was a pleasing pain,
that I could feel in my bones.
I forgot that not to have you caused me anxiety.
I forgot to keep suffering your absence.

2002

SE ME OLVIDÓ

Se me olvidó que había jurado
amarte hasta la muerte.
Se me olvidó que necesitaba tu presencia.
Se me olvidó que tu ausencia
me quemaba como el fuego.
Se me olvidó la paciencia
que tenía al esperarte.
Se me olvidó cuando juntas
juramos tantas cosas.
Se me olvidó cuando nuestros sueños los tejíamos en una cama.
Se me olvidó cuando entrelazábamos nuestras manos.
Se me olvidó cuando acariciaba tu pelo
y respiraba de tu aliento.
Se me olvidó continuar contando las estrellas
recostada en tu pecho.
Se me olvidó admirar la luna.
Se me olvidó que la felicidad la tienes en tus manos.
Se me olvidó que poco a poco
te he ido olvidando.
Se me olvidó el dolor que
tu ausencia me había causado.
Se me olvidó que extrañarte se hacía más hondo
y más lejano.
Se me olvidó que recordarte era un dolor placentero,
que llegaba hasta los huesos.
Se me olvidó que el no tenerte me causaba zozobra.
Se me olvidó dejar de sufrir tu ausencia.

2002

RETURN TO MY LIFE

Can you return to my life
the illusion and hope
of loving again.

Can you return to my life
the dreams we always
shared, without making them
reality.

Can you return to my life
little by little and without hurry
leading me to your body
without waiting.

Can you return to my life
the hope of finding you,
of me smiling
upon arriving.

Can you return to my life
my arrival home to find you
focused on your drawings
without stopping.

Can you return to my life
the illusion, the strength, the faith of
having you, and to begin again.

To love you unconditionally
to give you of life
what I wasn't able to before.

June 6, 2003

DEVUÉLVELE A MI VIDA

Le puedes devolver a mi vida
la ilusión y la esperanza
de volver a amar.

Le puedes devolver a mi vida
los sueños que siempre
hicimos, sin que fueran
realidad.

Le puedes devolver a mi vida
poco a poco y sin prisa
el guiarme hasta tu cuerpo
sin esperar.

Le puedes devolver a mi vida
la esperanza de encontrarte,
de tener una sonrisa yo
al llegar.

Le puedes devolver a mi vida,
el llegar a casa y encontrarte
concentrada en tus dibujos
sin parar.

Le puedes devolver a mi vida
la ilusión, la fuerza, la fe de
tenerte, y volver a comenzar.

Para amarte sin medida,
para darte de la vida
lo que no te pude dar.

6 de junio de 2003

THE CALL

Last night, I called your home,
once I heard your voice, in an instant
my 15 years of memories made my heart jump,
memories of laughter, sorrow, love and passion.

Time passed between my hands
like water between the fingers
and I wanted to hold you within my chest as
when you were mine, so that you would not leave.

My memories ran to your kisses and caresses,
to your laughter and smiles, our times together
in bed filled with passion,
our time together.

We were one for one another,
without measure, without reason,
letting our heart
take over.

We were almost everything, girlfriends, lovers
and friends, but there is an emptiness
in my heart, we needed to be a couple,
partners for life.

September, 2003

LLAMADA

Anoche, llamé por teléfono a tu casa,
y al escuchar tu voz, llegaron de golpe
a mi corazón 15 años de recuerdos,
de risas, de llantos, de amor y de pasión.

Y transcurrió el tiempo y de entre mis manos
te me ibas como el agua entre los dedos
y quise aprisionarte entre mi pecho como
cuando eras mía para que no te fueras.

Mi memoria corrió a tus besos y caricias,
a tus risas y sonrisas, al tiempo gastado
a la pasión en una cama,
a tu tiempo a mi lado.

Lo fuimos todo la una para la otra,
sin medida, sin razón,
dejándonos llevar simplemente
por el corazón.

Lo fuimos casi todo, novias, amantes
y amigas, pero hay un hueco
en mi corazón, nos faltó ser pareja,
compañeras de por vida.

Septiembre de 2003

MY BROTHER

You don't have to be blood of my blood,
to be able to call you my brother.
I don't have to know you
all my life in order to care for you.
I don't have to think of you
nor look at you every moment
to be able to love you.
I don't have to have you with me,
nor walk by my side, so that
you know you can count on me.
You don't have to look into my eyes,
nor hold my hand.
You don't need words,
nor distances.
You don't have to say your name,
because you already live in me.
I don't need any of this because:
You are my brother,
because you are my blood,
because you are already with me,
because I already count on you,
because I already care for you just like you care for me,
because there are no words nor distances
to know that we are genuine.

August, 2004

MI HERMANO

No necesitas ser sangre de mi sangre,
para poder llamarte hermano.
No necesito conocerte
de toda mi vida para poder quererte.
No necesito pensar en ti,
ni mirarte a cada momento
para poder amarte.
No necesito traerte conmigo,
ni caminar a tu lado, para que
sepas que cuentas conmigo.
No necesitas mirarme a los ojos,
ni sostener mi mano.
No necesitas palabras,
ni necesitas distancias.
No necesitas decir tu nombre,
porque ya lo llevo conmigo.
No necesito nada de esto porque:
Ya eres mi hermano,
porque ya te llevo en la sangre,
porque ya estás conmigo,
porque ya cuento contigo,
porque ya te quiero como tú me quieres,
porque no hay palabras ni distancias
para saber que somos genuinos.

Agosto de 2004

DISCOVER ME

The best thing of all is that by your side,
I can be quiet and without saying
anything hold your hand
and feel alive.

I can tell you about my dreams and accomplishments,
my fears and frustrations,
my angers and illusions.

I can rest upon your bosom
and feel protected,
or I can nuzzle you to mine and
and guard you with my heat.

I can share anecdotes,
dreams unfulfilled, shattered illusions,
failed romances and broken hearts.

But I can also dream
with a present that is our reality,
with an uncertain future, with a love
that we are just discovering.

Ultimately, without suppressing my feelings
I can be myself, simply me.

With my fears, with my accomplishments,
with my failures, with my loves
and flings, with my fantasies,
with my dreams and illusions.

Being discovered,
but above all with much more to discover,
and with an entire life to share.

2005

DESCÚBREME

Lo mejor de todo es que a tu lado,
puedo estar callada y sin decir
nada sostener tu mano
y sentirme viva.

Puedo contarte mis sueños y mis logros,
mis miedos y frustraciones,
mis corajes e ilusiones.

Puedo descansar en tu pecho
y sentirme protegida,
o puedo abrazarte al mío y
protegerte con mi calor.

Puedo compartir anécdotas,
sueños sin cumplir, ilusiones rotas,
fracasos amorosos y corazones rotos.

Pero también puedo soñar
con un presente que es nuestra realidad,
con un futuro incierto, con un amor
que apenas estamos descubriendo.

En fin, puedo, sin ocultar mis sentimientos
ser yo y simplemente yo.

Con mis miedos, con mis logros,
con mis fracasos, con mis amores
y desamores, con mis fantasías,
con mis sueños e ilusiones.

Siendo descubierta,
pero sobre todo con mucho más por descubrir,
y con toda una vida por compartir.

2005

THE INDIFFERENCE

You thought my absence
would make you feel indifferent,
that you would find me waiting for you,
that one look of your eyes
would make me melt.

How different it was when you saw me accompanied,
when you saw I was not alone,
that someone else held my hand
and walk at my side.

Do you recall? I wanted to walk with you,
but you denied my love many times,
and my tears of sorrow
I swallowed alone.

To see you now,
you will cry your own sorrows alone,
you will drown in your own weeping tears
and yell in silence.

I can't and won't do anything for you
now my life has changed,
I love and they love me
like I once hoped it would be with you,
in another time and other dreams.

Your time has passed,
it is my turn,
my journey is another
without you in my dreams.

Find your life in another's love and arms,
but without me.

1998

INDIFERENCIA

Creíste que mi ausencia
te iba a ser indiferente,
que volverías a encontrarme sola cuando tu lo decidieras,
que al mirar tus ojos
me rendiría a tus pies.

Que diferente fue cuando me viste acompañada,
cuando al entrar viste que no venía sola,
que alguien tomaba mi mano
y caminaba a mi lado.

¿Recuerdas? Yo quería caminar contigo,
pero mi cariño despreciaste no sé cuantas veces,
y mis lágrimas de dolor
las bebí sola.

Y mírate ahora,
tendrás que llorar tus indiferencias sola,
beberás tus lágrimas
y gritarás en silencio.

Yo no puedo hacer nada por ti,
mi vida es otra,
amo y me aman
como deseaba hacerlo contigo,
en otros sueños, en otra época.

Tu tiempo se acabó,
empieza mi tiempo,
mi camino es otro
y mis sueños son sin ti.

Haz tu vida en otro lado, con otro amor y en otros brazos,
pero sin mí.

1998

I WANT TO FEEL

I'm thinking up inventing a million ways
for us to love each other, to surrender ourselves,
adore one another.

From dreams of nothing I'm attempting
to build a promise for us,
a word not yet spoken,
a caress not yet created.

And surrender myself to your arms,
and see myself in your eyes,
and tell you not with words,
but with my fiery body,
my desire to have you inside me.

I'm looking at the horizon
where you're looking,
sipping from the same wine.

Attempting to learn
the secrets of your body
and hands.

I want to feel an immeasurable passion
within your arms,
and surrender myself entirely to you
body and soul.

And I want you to embrace me and kiss me,
let me sleep on your bosom,
let me feel the beats of your heart.

I want you to wake me by making love to me in silence,
awaking my senses,
so we can make love anew.

And finding in your glance
the sweetness of your kisses
fall into your arms,
overcome by passion.

November, 2004

QUIERO SENTIR

Estoy inventando mil maneras
para amarnos, entregarnos,
adorarnos.

Estoy intentando que de los sueños de la nada
construyamos una promesa,
una palabra aún no dicha,
una caricia aún no inventada.

Y entregarme entre tus brazos,
y reflejarme en tus ojos,
y decirte sin palabras,
pero con mi cuerpo ardiente,
el deseo de tenerte dentro de mí.

Estoy mirando al horizonte
donde miras,
bebiendo del mismo vino.

Tratando de aprender
los secretos de tu cuerpo
y de tus manos.

Quiero sentir una pasión inmensurable
entre tus brazos,
y entregarme a ti
con todo mi cuerpo y mi alma.

Y quiero que me abraces y me beses,
que me dejes dormir en tu pecho,
que me dejes sentir los latidos de tu corazón.

Pero me despiertes amándome en silencio,
despertando mis sentidos,
para amarnos nuevamente.

Y encontrando en tu mirada
la dulzura de tus besos
caer entre tus brazos,
rendida de pasión.

Noviembre de 2004

FIVE IN THE MORNING

Today I awoke at five in the morning,
and my first thought
was for you.

I been missing
your kisses and tenderness.

How can I miss them
if I don't even know the taste
of our lips, the warmth
of your hands?

But, I still miss them,
like when you miss a loved one,
like when you miss a lost one,
like when you miss the unknown.

I don't know if I can wait
so much time without you,
to make my fantasies
reality.

November, 2004

CINCO DE LA MAÑANA

Hoy desperté a las cinco
de la mañana, y mi primer
pensamiento fue para ti.

Y he estado extrañando
tus besos y tus caricias.

¿Y cómo puedo extrañarlos
si ni siquiera conozco el sabor
de tus labios, ni el calor
de tus manos?

Pero los extraño,
como se extraña al ser querido,
como se extraña lo perdido,
como se extraña lo desconocido.

No sé si podré esperar
tanto tiempo sin ti,
para hacer realidad
mis fantasías.

Noviembre de 2004

IMAGINE

Imagine you don't know me,
that you haven't heard my voice,
nor seen my face.

Imagine you haven't grazed my hand,
nor seen my eyes,
that you've never pronounced my name.

But also imagine that you have sought
me all your life, that you have seen
a thousand faces and heard
a thousand voices.

That you have tried within so many
faces and so many voices
to discover mine, without knowing
what they would be like.

One day, all of a sudden, my face
is illuminated within so many
and my voice stands out within
the multitude.

And you find that your wait
was not in vain, that possibly
happiness is within my arms
and that you never again want to leave my side.

November, 2004

IMAGINA

Imagina que no me conoces,
que no has escuchado mi voz,
ni mirado mi rostro.

Imagina que no has rozado mi mano,
ni mirado mis ojos,
que no has pronunciado mi nombre.

Pero imagina también que has buscado
por mi toda la vida, que has mirado
mil rostros y has escuchado
mil voces.

Que has tratado entre tantos
rostros y entre tantas voces
descubrir la mía, sin saber
como seria.

De repente un día, mi rostro
se ilumina entre tantos rostros
y mi voz sobresale entre
la multitud.

Y descubres que tu espera
no fue en vano, que posiblemente
la felicidad está en mis brazos
y no quieras irte nunca más de mi lado.

Noviembre de 2004

NAILED TO MY MIND
(LET ME BE HAPPY)

Why do I have you nailed to my mind?
Why do I have you carved in my veins?
Why do I dream you up day and night?
Why can't I rid you of my life?

Why is it I evoke your name in silence
and fill my emptiness
with memories of you, with your laughter,
with your caresses, with your smiles?

Why can't I be free of you?
Why don't you let me live happily
with another person to carve in
my veins, to fill my emptiness?

Let me be happy.

December, 2005

CLAVADA EN MI MENTE
(DÉJAME SER FELIZ)

¿Por qué te llevo clavada en mi mente?
¿Por qué te llevo grabada en mis venas?
¿Por qué te sueño de noche y de día?
¿Por qué no te puedo sacar de mi vida?

¿Por qué en silencio evoco tu nombre
y lleno mis espacios vacíos
con tus recuerdos, con tus risas,
con tus caricias, con tus sonrisas?

¿Por qué no puedo ser libre de ti?
¿Por qué no me dejas vivir feliz
con otra persona que se grabe en
mis venas, que llene mis espacios?

Déjame ser feliz.

Diciembre de 2005

IN THE SHADOWS

I carry you in the shadows
with me though I can't
erase you from my mind.

I hear your knocking in my heart,
silently, gently
but with such force.

You live in me without your knowledge,
in every step I take,
in each moment of my existence.

I miss you, my heart
weeps in silence for you,
I yearn to see you.

To see and have you,
to hold and kiss you,
to love and care for you.

March 3, 2006

EN LAS SOMBRAS

Te llevo en las sombras
conmigo y es que no puedo
borrarte de mi mente.

Golpeas en mi corazón,
silenciosamente, quietamente
pero con mucha fuerza a la vez.

Estás en mí sin tu saberlo,
en cada paso que doy,
a cada momento de mi existir.

Y te extraño, y mi corazón
te llora en silencio, porque
muero por verte.

Por verte y tenerte,
por abrazarte y besarte,
por amarte y cuidarte.

3 de marzo de 2006

Soad Grayeb

WHAT TIED ME TO YOU

What was my bind to you.
What fulfilled me.

A drop in the desert.
Light that blinds in the abyss.
Eternal mind and waves of ocean.
Passion and flesh.
Eyes that observe through the ears.
Ears, hopes, torment.
It's terror and fogginess.
It's the sun and the breeze.
Heart and palpitation.
Image and mist.
Confusion with assurance.
It's rancor and annoying.
It's pain to the core.
It's anguish and sadness.
It's tomorrow and today.
It's immense and cold.
It's a mountain and a rock.
It's sculptures and tine.
It drowns and liberates.
It walks and confines.
It's sincere and a game.
It's betrays and is loyal.
It accompanies you and abandons you.
Whispers and sighs.
It's anger and liberty.
It passes through the night and the mornings.
It embraces and tightens.
It throws you a lifts you.
It hates you and misses you.

And after you.

1995

LO QUE A TI ME ATABA

Lo que a ti me ataba.
Lo que de ti me llenaba.

Una gota en el desierto.
Luz que ciega en el abismo.
Mente eterna y mar de olas.
Pasión y piel.
Ojos que observan a través de los oídos.
Oídos, esperanzas, tormentas.
Es terror y es neblina.
Es el sol y es la brisa.
Corazón y latido.
Imagen y bruma.
Confusión en la certeza.
Es rencor y es fastidio.
Es dolor en las entrañas.
Es angustia y es tristeza.
Es mañana y es hoy.
Es muy grande y muy frío.
Es montaña y es piedra.
Esculpe y tiñe.
Ahoga y libera.
Camina y detiene.
Se sincera y se juega.
Traiciona y es fiel.
Te acompaña y te abandona.
Te susurra y te suspira.
Te enfurece y te libera.
Se pasea por las noches y también por las mañanas.
Abarca y aprieta.
Te tira y te eleva.
Te odia y te extraña.

Y después de ti.

1995

I CAN WAIT PATIENCE

I can wait with patience your arrival.
That you hold my hand and do not let me go.
To miss my laughter and my caresses.
I can wait patiently that you may not stop thinking of me,
to yearn the moments together,
the details, our small talk.
I can patiently wait that love take me to your hands,
moment by moment to your heart.
I can wait with patience by singing a song,
recalling the moments spent at your side.
I can wait with patience to see you walk down the street,
search for you among the crowd,
and to meet my heart will want to jump out of my chest.
I can wait with patience for you to call my name
where ever you may be,
with people I don't know
and places I've never been.
I can wait with patience,
but please do not take too long.

March 31, 2006

PUEDO ESPERAR CON PACIENCIA

Puedo esperar con paciencia tu llegada.
Que sostengas mi mano y no me dejes ir.
Que extrañes mis risas y mis caricias.
Puedo esperar con paciencia que no dejes de pensar en mi,
que añores los momentos juntas,
los detalles y las charlas.
Puedo esperar con paciencia que me lleve el amor de tu mano,
poco a poco a tu corazón.
Puedo esperar con paciencia entonando una canción,
recordando los momentos ya gastados a tu lado.
Puedo esperar con paciencia verte caminar por la calle,
y buscarte entre la gente,
y al encontrarte mi corazón querrá salirse de mi pecho.
Puedo esperar con paciencia que no dejes de llamar mí nombre
a donde quiera que vayas,
con gente que no conozco
y me lleves a lugares que nunca he estado.
Puedo esperar con paciencia,
pero por favor, no tardes más.

31 de marzo de 2006

ONE DAY OF YOUR LIFE

I want one day of your life,
I want one night of your time,
to please you and spoil you,
tol ove and adore you.

You can sleep in my arms,
and I can awake in yours,
so as to know your dream
and most intímate secrets.

To share with you
my pain, my hope,
my passion, my love.

To sustain your hand
and your head between my legs,
to kiss your face,
and caress your hair.

To see through your clear eyes
and touch your soul,
to discover your love,
your dreams and your heart.

I'm inventing a million ways
tol ove you, kiss you, touch you.

I'm inventing a million ways
to be happy with you,
to look in your eyes
and kiss your lips.

To feel your body
tremble in my hands.

I want one night with you…

But you can have my entire life.

March 3, 2006

UN DÍA EN TU VIDA

Quiero un día de tu vida,
quiero una noche de tu tiempo,
para consentirte y mimarte,
para amarte y adorarte.

Puedes dormir en mis brazos,
y yo puedo despertar en los tuyos,
para saber tus sueños
y tus más íntimos secretos.

Para compartir contigo
mi dolor, mi esperanza,
mi pasión, mi amor.

Para sostener tu mano
y tu cabeza entre mis piernas,
para besar tu rostro,
y acariciar tu pelo.

Para mirar a través de tus ojos claros
y tocar tu alma,
para descubrir tu amor,
tus sueños y tu corazón.

Estoy inventando mil maneras
de amarte, de besarte, de tocarte.

Estoy inventando mil maneras
de ser feliz contigo,
de mirar en tus ojos
y de besar tus labios.

De sentir tu cuerpo
temblar en mis manos.

Quiero una noche contigo...

Pero tú puedes tener mi vida entera.

3 de marzo de 2006

YOU AND I

You and I, a thousand dreams to make come true.
You and I, a thousand words to say.
You and I, a thousand nights to discover.
You and I, a thousand paths to walk.
You and I, a thousand mornings to love.
You and I, a thousand ways to seduce.
You and I, a thousand gazes to match.
You and I, a thousand moons to look at.
You and I, a thousand caresses to share.
You and I, a thousand places to visit.
You and I, a thousand joys to live.
You and I, a thousand moments of silence to share.
You and I, with our present moment to enjoy.
You and I, with a future to relax.
You and I, a thousand things to come.

May 12, 2006

TÚ Y YO

Tú y yo, mil sueños por cumplir.
Tú y yo, mil palabras por decir.
Tu y yo, mil noches por descubrir.
Tú y yo, mil caminos por seguir.
Tu y yo, mil mañanas para amar.
Tú y yo, mil maneras para seducir.
Tú y yo, mil miradas para coincidir.
Tú y yo, mil lunas por mirar.
Tú y yo, mil caricias para dar.
Tú y yo, mil lugares para visitar.
Tú y yo, mil alegrías por vivir.
Tú y yo, mil silencios para callar.
Tú y yo, con un presente para disfrutar.
Tú y yo, con un futuro para descansar.
Tú y yo, miles de cosas por llegar.

12 de mayo de 2006

LOVE IN SPANISH

Someone to love in Spanish,
poetic words that
came to my heart.

Someone to love in Spanish,
without questions, without answers,
without a past, without a goodbye.

Someone to love in Spanish,
with hope, with patience,
with love and passion.

Someone to love in Spanish,
with tenderness, with craziness,
without measure and without reason.

Someone to love in Spanish,
from near, from far,
from the heart and soul.

September 30, 2006

AMOR EN ESPAÑOL

Alguien para amar en español,
  palabras poéticas que
  llegaron a mi corazón.

Alguien para amar en español,
sin preguntas, sin respuestas,
  sin pasado, sin un adiós.

Alguien para amar en español,
con esperanza, con paciencia,
  con amor y con pasión.

Alguien para amar en español,
  con ternura, con locura,
  sin medida y sin razón.

Alguien para amar en español,
  desde lejos, desde cerca,
desde el alma y el corazón.

30 de septiembre de 2006

HOW WOULD YOU LIKE ME TO LOVE YOU?

How would you like me to love you?
I cannot do it in silence
because this love, I want to shout out.

How would you like me to love you?
While I don't have you here,
at a distance I must do it.

How would you like me to love you?
The only way I want to,
is the way I know how.

How would you like me to love you?
My romanticism goes far
beyond mirage.

How would you like me to love you?
With my love, my passion,
with my tenderness, my pain.

How would you like me to love you?
Because in that way that you show me,
I will love you.

¿CÓMO QUIERES QUE TE AME?

¿Cómo quieres que te ame?
En silencio no puedo hacerlo
porque este amor, gritarlo quiero.

¿Cómo quieres que te ame?
Mientras no te tenga aquí,
a distancia debo hacerlo.

¿Cómo quieres que te ame?
La única forma que quiero,
es como yo sé hacerlo.

¿Cómo quieres que te ame?
Mi romanticismo va más allá
de todo espejismo.

¿Cómo quieres que te ame?
Con mi amor, con mi pasión,
con mi ternura, con mi dolor.

¿Cómo quieres que te ame?
Porque de esa forma que me enseñes,
voy a amarte.

A DROP OF LOVE

I'm afraid to not be able to recognize you
when will you arrive in my life
that all once dreamt would fade away.
Today, I know you are true, that kissing you,
look into your eyes, holding your hands
nothing will ever transcend it.
I have kissed many others looking for the warmth,
holding other hands searching for tenderness,
looking into another's eyes searching for the reflection of love.
But, with you, all has surpassed reality
the truth of having you, loving you, kissing you.
The reality of being only yours, and you being only mine,
surrendering to this love without measure nor restrictions.
I caught my reflection in your eyes, in your tender caresses,
in your warm kisses, drawing your love
into me that once was a dream.
Now all is reality, you are in my life,
I love you and you love me.
I have recognized you in an instant
at the first glance, to find my reflection in your eyes,
to take your warm hands and feel your breath.
I can't let you go, you have me intertwined within your hands,
embrace me always with your force, because I will always
love you.

POR UNA GOTA DE AMOR

Tenía miedo de no conocerte
cuando llegaras a mi vida
que todo lo soñado se hubiera esfumado.
Hoy sé que eres verdad, que besarte,
mirarte a los ojos, tomarte tus manos
nada podrá superarlo.
Había besado otras bocas buscando la calidez,
tomado otras manos buscando la suavidad,
mirado otros ojos buscando su reflejo de amor.
Pero contigo, todo superó la realidad
la realidad de tenerte, de amarte, de besarte.
La realidad de ser tuya, y que seas mía,
de entregarme sin medida a este amor que nos embarga.
Me reflejé en tu mirada, en tus tiernas caricias,
en tus cálidos besos, robando con tu ternura
lo que todo había sido un sueño.
Ahora es realidad, estás en mi vida,
te amo y me amas.
Te he reconocido al instante, al instante
de mirarte, de reflejarme en tus ojos,
de tomar tus tibias manos y respirar tu aliento.
No puedo dejarte ir, me tienes entre tus manos,
abrázame siempre con fuerza, porque siempre voy
a amarte.

TODAY I LET YOU GO

My life was slipping away imagining you by my side
I wasted my time and my dreams
I felt small before the immensity
of your memories.

I imagined your company,
your kisses and your caresses,
your kisses that once were mine,
your caresses that touched my body.

But today I tell you goodbye, I let you go,
I let go of your memories that used to hurt me,
that pained me, that burnt me,
I let go of your kisses and caresses, your smiles.

Today there is nothing left,
none of that exists anymore,
your actions have killed it
your rejection of memories of me,
of my details and kisses.
Those kisses that perhaps you once sought anxiously,
hurriedly.

Those kisses that in your memories burn your soul,
today I let you go, my memory of you, your ghost
do not accompany anymore,
neither the one that would be, nor that would pass.

Today I bury your name in my memories,
today I liberate my heart from your senses,
today your life ends… mine begins.

HOY TE DEJO IR

Se me iba la vida imaginándote a mi lado
desperdicié mi tiempo y mis sueños
me sentía pequeña ante la inmensidad
de tus recuerdos.

Imaginaba tu compañía,
tus besos y tus caricias,
tus besos que un día fueron míos,
tus caricias que tocaban mi cuerpo.

Pero hoy te digo adiós, te dejo ir,
dejo ir tus recuerdos que me lastimaban,
que me dolían, que me quemaban,
dejo ir tus besos y tus caricias, tus sonrisas.

Hoy no queda nada,
nada de eso existe más,
tus actos los han matado
tu negación a mis recuerdos,
a mis detalles y besos.
Esos besos que alguna vez buscabas con ansia,
con apuro.

Esos besos que en tus recuerdos te queman en el alma,
hoy te dejo ir, tu recuerdo, tu fantasma
no me acompañan más,
ni el que sería, ni el que pasaría.

Hoy entierro tu nombre en mis memorias,
hoy libero mi corazón de tus sentidos,
hoy tu vida acaba… comienza la mía.

Soad Grayeb

FORGET

Forget, how easy it is to say it,
how difficult it is to feel it,
how difficult it is to do it,
how difficult it is to live it.

To forget so many things,
that I loved for example you,
that I gave you all of me, and you were my all,
that nothing else was as important as you.

To forget the motive
why I stopped loving you,
my rancor,
my sadness.

Forget my errors,
my pain, and my desperation,
my immaturity,
my cowardice.

Forget the moments of sorrow,
remembering the sweetness of it all.
Forgetting your hurtful words,
remembering your fervent hands.

Forgetting how much I suffered,
remembering how much I loved you.
Forgetting the anger,
remembering your smiles,
your tenderness, your kisses,
our craziness together.

Forgetting, how difficult it is to forget.

1985

OLVIDAR

Olvidar, que fácil es decirlo,
que difícil es sentirlo,
que difícil el hacerlo,
que difícil es vivirlo.

Olvidar tantas cosas,
que te ame por ejemplo,
que te di todo, y tú eras mi todo,
que no importaba nada más que tu amor.

Olvidar el motivo
por el cual dejé de amar,
mis rencores,
mis tristezas.

Olvidar mis errores,
mi dolor, mi desesperación,
mi inmadurez,
mi cobardía.

Olvidar mis momentos amargos,
recordar los dulces.
Olvidar tus palabras hirientes,
recordar tus manos fervientes.

Olvidar cuanto sufrí,
recordar cuanto te amé.
Olvidar los enojos,
recordar tus sonrisas,
tus caricias, tus besos,
nuestras locuras.

Olvidar, que difícil es olvidar.

1985

I CAME INTO YOUR LIFE

Today I came into your life.
Who would have thought it?
Who would have felt it?
Who would have imagined it?

Today I came into your life,
someone without wanting,
without you expecting it,
without you thinking it,
put me in your path.

I have a goal,
to bring peace to your soul,
to your senses,
to your eyes,
to your hands,
to your heart.

I have a goal,
to love you unconditionally,
simply, tenderly.
You can feel it and take it,
you can abuse me, you can ignore me,
I will be here for you.

LLEGUÉ A TU VIDA

Hoy llegué a tu vida.
¿Quién lo iba a pensar?
¿Quién lo iba a sentir?
¿Quién lo iba a imaginar?

Hoy llegué a tu vida,
alguien sin querer,
sin tu esperarlo,
sin tu pensarlo,
me puso en tu camino.

Yo tengo una meta,
darle paz a tu alma,
a tus sentidos,
a tus ojos,
a tus manos,
a tu corazón.

Tengo una meta,
amarte incondicionalmente,
sencillamente, tiernamente.
Tú puedes sentirlo y tomarlo,
puedes abusarme, puedes ignorarme,
yo estaré aquí para ti.

TO ONLY LISTEN

The eco of my heart
that yells I love you
even at a distance.

The eco of my heart
the yells in silence
my love for you.

The eco of my words
that murmur your name
each moment.

The eco of my silence
the converts in to a shadow
to follow your steps.

The eco of my hands
the draw your figure during the night
recalling your strokes.

The eco of my sighs
that imprison you inside of me
when I breath.

The eco of my eyes
yearn to see themselves
in yours tenderly.

The eco of my lips
dream of your moist
and warm kisses.

The eco of my whole being
miss your eyes,
your sweet hands,
your warm kisses,
your immeasurable tenderness,
your igniting passion.

SÓLO ESCUCHO

El eco de mi corazón
que grita que te ama
aún a la distancia.

El eco de mi corazón
que grita en silencio
mi amor por ti.

El eco de mis palabras
que susurran tu nombre
a cada momento.

El eco de mi silencio
que se convierte en sombra
para seguir tus pasos.

El eco de mis manos
que dibujan tu figura por las noches
cuando las acaricias.

El eco de mis suspiros
que te aprisionan dentro de mi pecho
cuando te respira.

El eco de mis ojos
que añoran mirarse en
tus ojos tiernos.

El eco de mis labios
que sueñan con tus besos
húmedos y cálidos.

El eco de mi ser entero
que extraña tus ojos claros,
tus manos dulces,
tus besos cálidos,
tu ternura desmedida,
tu pasión encendida.

THE DAMAGE

I still call your name
at night.
Why must you have kissed me?

Why did you deliver yourself to me
without even contemplating
the damage you would do to my heart?

I still call your name
at night, in silence
without you knowing it,
imploring that you return,
to have your kisses and caresses again.

To be able to love you,
so you will be mine,
so that you will love me
like the first day,
without a promise,
without ties,
just with passion.

I still have the flavor
of your kisses in my lips.
I still have the prints
of your hands on my skin.

I still have the illusion
nailed to my guts.
I still pronounce your name
in the silence.

Without wanting, I still paint the dreams
that we have yet to fulfill.
I still smile when I remember
how you would get nervous having me near.

I still want with all my might
to have you in my life.

June 21, 2006

EL DAÑO

Aún llamo tu nombre
por las noches.
¿Por qué me habrás besado?

¿Por qué te me entregaste
sin contemplar siquiera
el daño que harías a mi corazón?

Aún llamo tu nombre
por las noches, en silencio
sin tu saberlo,
implorando que vuelvas,
para tener tus besos y caricias nuevamente.

Para poder amarte,
para que seas mía,
para que me ames
como el primer día,
sin ninguna promesa,
sin ninguna atadura,
solo con pasión.

Aún tengo el sabor
de tus besos en mis labios.
Aún tengo las huellas
de tus manos en mi piel.

Aún tengo la ilusión
clavada en mis entrañas.
Aún pronuncio tu nombre
en el silencio.

Aún sin querer dibujo los sueños
que no hemos cumplido.
Aún sonrío cuando recuerdo
como te ponías nerviosa con mi cercanía.

Aún quiero con tantas fuerzas
que estés en mi vida.

21 de junio de 2006

www.ingramcontent.com/pod-product-compliance
Lightning Source LLC
Chambersburg PA
CBHW020311290526
45784CB00003B/1462